かんたん！ EASY & COLORFUL カラフル！ わくわく お菓子 レッスン

MIYAZAWA URARA
宮沢うらら 著

Especially For you

汐文社

CONTENTS
もくじ

♥ 主な材料 MATERIALS

カラフルスイーツに欠かせない材料を紹介するよ♪

マシュマロ
主にゼラチンとさとう
からできている。

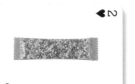

トッピングシュガー
デコレーション用のさとう。

ホットケーキミックス
小麦粉、ベーキングパウダー、さと
うなどがあらかじめまぜてある。

オレオクッキー
クリームをサンドし
たココアクッキー。

むらさきいも
パウダー
むらさきいもを乾そうさ
せて粉末状にしたもの。

フィンガー
ビスケット
長さ4cmのスティック状
のビスケット。

ミニチョコパイ
チョコが入っている
小さなパイ菓子。

チョコペン
お湯で温めると、ペン
のように使える。

マーブルチョコ
カラフルにコーティング
されたチョコ。

♥ 主な道具 TOOLS

よく使う道具だよ♪

A ♠

シリカゲル

湿気を取る乾そう剤。
お菓子の保存に使用。

2 ♠

アイスバーの型

材料を冷凍庫で冷
やし固める容器。

3 ♠

耐熱容器

熱に強い容器。

4 ♠

ミトン

熱いものを持つ
時に使う。

5 ♠

パレットナイフ

生クリームをムラ
なくぬることがで
きる。

6 ♠

ピーラー

野菜やくだものの
皮むき器。

7 ♠

星の口金

しぼり袋の先に
内側から入れて、
生クリームを星型
にしぼる。

8 ♠

しぼり袋

生クリームなどを
入れてしぼり出す。

9 ♠

**キッチン
バサミ**

料理専用のハサミ。

A ♣

あわ立て器

材料をあわ立てたり、まぜたりする。

2 ♣

あみじゃくし

水をきりながらすくうことができる。

3 ♣

おたま

液体をすくう。中くらいの大きさのもの。

4 ♣

ハケ

サラダ油やとかしたチョコをぬる時に使用。

5 ♣

ゴムべら

熱に強いものがおすすめ。

6 ♣

ポップケーキ用スティック

ケーキやチョコにさして、スティックキャンディのように食べることができる。

7 ♣

クッキングシート

生地がくっつくのをふせぐためのシート。

8 ♣

ケーキクーラー

焼き上がったクッキーなどを冷ますための金あみ台。

9 ♣

バット

材料をのせたり、型として使用。

♥ 材料のはかり方 HOW TO MEASURE

お菓子づくりは材料を正確にはかることが大切！　単位別にはかろう。

計量スプーン

さとうや粉などはスプーンで山もりに
すくって、ほかのスプーンの柄などで
すりきります。

計量カップ

カップを平らなところにおき、めもり
を真横から見て正しくはかりましょう。

はかり

デジタルはかりが便利。容器をのせた
あと、めもりをゼロにしてから材料を
入れます。

少々

塩などを親指とひとさし指の指先でつ
まんだ量。

♥ 調理器具 きぐ COOKING UTENSILS

調理器具きぐは安全に注意して使おう。

電子レンジ

この本の加熱かねつ時間は600Wを使った場合です。はじめてつくる時は、この本に書かれているより時間を短めにして、ようすを見ながら少しずつ時間を増ふやしていきましょう。加熱かねつ時間はメーカーや機種きしゅによって異なるので、【つくり方】の加熱かねつ時間は目安にしてね。

オーブン

この本の焼やく時間と温度は、電気オーブンを使用した時の目安なので、ガスオーブンは10℃ほど低ひく く設定せっていしてください。機種きしゅによって焼やく時間が変わるので、焼や け具合いを見ながらきめましょう。

コンロ

必かなら ず大人といっしょに使いましょう。火のそばに燃もえやすいものがないか、確認かくにんしてから火をつけて、使用中はぜったいにそばからはなれず、ヤケドにも注意してね。

＊IHコンロは説明書せつめいしょを見て
火かげんを調節ちょうせつ してね。

弱火： 火がなべの底そこ にあたらないくらい。
中火： 火の先がなべの底そこ にちょうどあたるくらい。
強火： 火がなべの底そこ にしっかりあたっている。

♥ この本にでてくる用語 GLOSSARY

適量 ………… ちょうどよいくらいの量。

分量外 ……【材料】にのっていない量。

同量 ………… 同じ量。

加熱 ………… 熱を加えること。

あら熱を取る

………… 熱を加えたものを少し冷ますこと。

卵黄 ………… たまごのきみ。

調理時間 …「焼く時間」「冷やし固める時間」
をのぞく調理にかかる時間。

♥ お菓子をつくる前に♪ BEFORE YOU START

はじめに【じゅんび】【つくり方】を何度も読んで、しっかり順序をおぼえましょう。
↓
エプロンをつけたり、かみの長い人はむすんだり、身じたくをしましょう。
↓
石けんできれいに手を洗いましょう。
↓
使う道具をそろえましょう。材料は正確にはかりましょう。
↓
【じゅんび】からはじめましょう。
↓
つぎは【つくり方】です。順番にそって、写真もよく見てつくりましょう。
↓
はい、おいしいお菓子のできあがり!

HYDRANGEA JELLY

あじさいゼリー

お花のようにキュートなデザート♡

15分

道具

容器／カップ／耐熱容器／ゴムべら／おたま／
スプーン／バット／包丁／まな板

材料 ［150㎖のカップ 4こ分］

《ミルクゼリー》

水·······························45㎖
粉ゼラチン·······················5g
みかん（缶づめ）··················12つぶ
牛乳·························150㎖
さとう·························60g
生クリーム（乳脂肪分40%）·········150㎖

《花のゼリー》

お湯（80℃）·····················120㎖
粉ゼラチン·······················5g
好みのかき氷シロップ
（いちご・メロン・ぶどうなど）
·······························80㎖

じゅんび

・水に粉ゼラチンをふり
　入れ、ふやかしておく
　（ミルクゼリー用）。

・カップにみかんを3つぶずつ入れる。

つくり方

《ミルクゼリー》

1 耐熱容器に牛乳、さとうを入れ、電
子レンジ600Wで1分20秒加熱し、
ゴムべらでしっかりまぜてとかす。

2 1に粉ゼラチン、生クリームの順に
加え、そのたびによくまぜ合わせる。

粉ゼラチン
液体を固める時に使用。

3 みかんを入れたカップに**2**を7分目まで注ぎ、冷蔵庫で2時間冷やし固める。

《花のゼリー》

4 80℃のお湯に粉ゼラチンを加え、よくまぜとかす。

♠ かき氷シロップのあまさはメーカーによってちがうので、分量は目安にしてね。

5 **4**にかき氷シロップを加えてまぜ、バットに流し入れて冷蔵庫で2時間冷やし固める。

6 **5**を包丁でさいの目に切り、**3**の上にのせる。

♥ 包丁のかわりにフォークで5のゼリーをくずしてもOK♪

UNICORN CUPCAKES

ユニコーンカップケーキ

2色のクリームでツノや耳もつくっちゃおう☆

調理
時間

20分

道具

耐熱容器／スプーン／ボウル／あわ立て器／おたま／紙マフィンカップ（底径5㎝×高さ4㎝）／ラップ／キッチンバサミ／ゴムべら／星の口金／しぼり袋

材料 〔4こ分〕

マシュマロ（黄緑・オレンジ・ピンク・黄）	
························	各7g（なければ1色でもよい）
粉ざとう ····························	各7g
牛乳 ·····························	60㎖
たまご ·····························	1こ
サラダ油 ····························	大さじ1
ホットケーキミックス ·················	100g
さとう ·····························	20g
生クリーム ··························	150g
さとう ·····························	15g
食用色素（青・ピンク）·················	各少々
アラザン・トッピングシュガー ·········	各適量

じゅんび

・耐熱容器にマシュマロ7gを入れ、電子レンジ600Wで20秒加熱する。

・粉ざとう7gを加え、スプーンでまぜる。

・あら熱が取れたら手でこねて、ツノ1本と耳2こをつくる。

＊ほかの色のマシュマロも同じようにつくる。

つくり方

1 計量カップに牛乳、たまご、サラダ油を入れてまぜる。

（つぎのページへつづく）

2 ボウルにホットケーキミックス、さとう20gを入れ、1を加えてあわ立て器でよくまぜる。

3 紙マフィンカップの半分の高さまで2を流し入れる。1こ40gぐらい。

4 電子レンジ600Wで2こずつ1分20秒加熱し、冷ます。

5 ボウルに生クリーム、さとう15gを入れ、とろみがつくまであわ立て器であわ立てる。

6 5を2つに分け、それぞれに食用色素の青、ピンクを加え、クリームを持ち上げたときにツノが立つまであわ立てる。

7 ラップの上に水色クリーム、ピンククリームを同量のせてぼう状につつみ、両はしをかるくしぼる。

食用色素
お菓子に色をつけるためのもの。
この本では全て天然色素を使用。

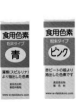

8 キッチンバサミで片方のはしを切り、星の口金をつけたしぼり袋に入れる。

9 円をえがくようにカップケーキの上にしぼる。

10 9にマシュマロのツノと耳をつける。アラザンやトッピングシュガーをかざる。

キットカットケーキ

おしゃれなシャルロットケーキ、パーティーにいいね♪

調理
時間

30分

道具

耐熱容器／スプーン／ざる／包丁／
まな板／バット／ボウル／あわ立て器／
お皿／ハケ／パレットナイフ／
ぬき型（ハート）

材料 ［直径20cm　1台分］

さとう……………………………………50g
水………………………………………60mℓ
いちご……………………………………7こ
ブルーベリー……………………………28こ
キットカット（ミルク・まっ茶・
　ストロベリー）……………………各6こ
生クリーム……………………………200mℓ
市販のスポンジケーキ
　（直径18cm、厚さ2cm）……………2枚
いちごジャム……………………………大さじ6

シロップ

・耐熱容器にさと
　う30g、水を入
　れ、電子レンジ
600Wで1分加熱してスプーンでまぜてとかす。
冷蔵庫で冷やしておく。

じゅんび

・いちごは水洗いし、ヘタを取る。
・ブルーベリーは水洗いする。

つくり方

1　キットカットは包丁で1本ずつに切
　　りはなす（全部で35本使用）。

キットカット
ウエハースをチョコ
レートでコーティン
グしたお菓子。

（つぎのページへつづく）

2　ボウルに生クリーム、残りのさとう 20gを入れ、あわ立て器で8分立てにする。

3　お皿にスポンジケーキを1枚おき、ハケでシロップ半量を全体にしみこませる。

市販のスポンジケーキ
ケーキの土台になるもの。

4　3の上にいちごジャムをぬる。

5　4の上に2のクリームの1/3量をのせ、パレットナイフで全体にぬり広げる。

6　5にもう1枚のスポンジケーキをのせ、ハケで残りのシロップをしみこませる。

7 6の表面にパレットナイフで2の残りのクリームをぬる。

8 側面にキットカットをミルク、まっ茶、ストロベリーの順にはっていく。冷蔵庫で20分ほど冷やす。

9 いちごは包丁で半分に切って、ぬき型でぬく。

10 8に9のいちごをならべる。

11 10の中心部分にブルーベリーをかざる。

道具

クッキングシート／キッチンバサミ／

ミトン／シリカゲル／密閉容器

材料〔16こ分〕

マシュマロ ……………………… 8こ

マーブルチョコ ……………… 16こ

MARBLE MARSHMALLOW
COOKIES

マーブルマシュマロクッキー

材料2つでクッキーができちゃう！

調理
時間

10分

じゅんび

・天板_{てんばん}にクッキングシートをしく。
・オーブンを140℃に温める。

つくり方

1 マシュマロはキッチンバサミで半分に切る。

2 天板_{てんばん}に1のマシュマロをならべ、140℃のオーブンで25分焼_やく。

3 ミトンをして、オーブンから2を取り出す。

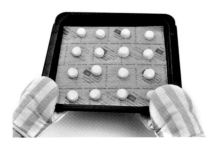

4 すぐマシュマロの真ん中にマーブルチョコをのせ、ギュッとおす。
＊ヤケドしないよう天板_{てんばん}にさわらない。

5 天板_{てんばん}から外し、30分ほど冷_さます。しけらないようにシリカゲルを入れた密閉容器_{みっぺいようき}で保存_{ほぞん}する。

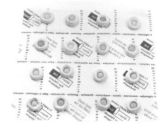

♣ ラッピングして
プレゼントしてもかわいい！

WATERMELON
ICE POP

材料 ［6本分］

すいか	400g
さとう	大さじ3
チョコチップ	大さじ1
キウイ	1こ

すいかバー

スイカの皮はキウイ、タネはチョコチップ！

調理時間

15分

22

じゅんび

・すいかは皮とタネを取りのぞき、包丁でひとくちサイズに切る。

つくり方

1 ビニール袋にすいか、さとう大さじ2を入れ、めんぼうでたたいてつぶす。

2 1をボウルにうつし、スプーンでアイスバーの型に入れる。

3 1本あたりチョコチップ小さじ1/2ずつを加えてまぜ、スティックをさして冷凍庫で2時間冷やし固める。

4 キウイは包丁で皮をむき、細かく切る。

5 包丁で皮をむき、細かく切ったキウイ、さとう大さじ1を厚手のビニール袋に入れ、めんぼうでたたいてつぶす。

6 5をスプーンで3のアイスバーの型に入れ、冷凍庫で2時間冷やし固める。

小さい秋、見つけた！

きのこケーキ（p.26）

スイートポテト（p.28）

きのこケーキ

調理時間 30分

道具

ボウル／あわ立て器／たこ焼き器／ハケ／
竹ぐし

材料〔24こ分〕

たまご	1こ
牛乳	60㎖
はちみつ	20g
ホットケーキミックス	100g
サラダ油	小さじ1
フィンガービスケット	24本

つくり方

1 ボウルにたまご、牛乳、はちみつを入れ、あわ立て器でよくまぜる。

2 ホットケーキミックス、サラダ油を加え、よくまぜる。

3 たこ焼き器にハケでサラダ油（分量 外）をうすくぬり、中火で温める。

4 2をたこ焼き器のくぼみの半分の高さ まで流し入れる。

たこ焼き器
たこ焼きをつくるための半球形のくぼみがある
ホットプレート。焼き面は熱いのでヤケドしない
よう気をつけてね。

5 生地にプツプツとあなができ表面がか わいてきたら、フィンガービスケットを さす。

6 そのまま焼き、こんがり焼き色がつい たら竹ぐしを使ってとり出す。

♠ サラダ油のかわりに同量の
とかしたバターを入れると
コクがでておすすめ。
焼きたてがおいしいよ。

スイートポテト 調理時間 30分

道具

ピーラー／包丁／まな板／耐熱容器／ラップ／
ボウル／木べら／クッキングシート／ミトン

材料〔4こ分〕

さつまいも	250g（皮をむいた重さ）
バター	30g
さとう	40g
牛乳	大さじ1
卵黄	1こ
むらさきいもパウダー	6g

じゅんび

・さつまいもは水洗いし、ピーラーで皮をむく。包丁で厚さ2cmに切る。

つくり方

1 耐熱容器にさつまいもを入れてラップをかけ、電子レンジ600Wで5～6分加熱する。

2 熱いうちに1を木べらでつぶし、バター、さとう、牛乳、卵黄を加えてまぜる。

3 2を30gずつ、長さ6cmのたわら型に4こつくる。

4 オーブンを150℃に温める。

5 2の残りの100gに、むらさきいもパウダーを加えてよくまぜ、4等分して丸める。

6 5をラップではさみ、手でおして直径10cmに丸くのばし、上のラップをはずす。

7 6に3をのせ、ラップでつつんでさつまいものように形を整える。4こつくる。

8 クッキングシートをしいた天板にならべ、ラップをはずし、150℃のオーブンで20分焼く。

《さつまいもを裏ごししよう♪》

加熱したさつまいも（つくり方1）を万能こし器でこすと、なめらかなスイートポテトに！

ハリネズミとクマのチョコラスク

お気に入りのクッキー型（がた）でつくろう♪

調理時間 20分

道 具

クッキングシート／包丁_{ほうちょう}／まな板／
ぬき型_{がた}（ハリネズミ・クマ）／耐熱容器_{たいねつようき}／
スプーン／さいばし／ケーキクーラー／
カップ／キッチンバサミ

材 料_{ざいりょう}〔8こ分〕

チョコレート（ミルク）	50g
サンドイッチ用食パン	4枚_{まい}
さとう	小さじ1
バター	15g
牛 乳_{ぎゅうにゅう}	30㎖
チョコペン（白）	1本

じゅんび

・天板_{てんばん}にクッキングシートをしく。

・チョコレートを細かくきざむ。

・オーブンを160℃に温める。

つくり方

1 サンドイッチ用食パンはぬき型_{がた}でぬく。

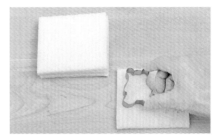

2 1を160℃のオーブンで10分ほど、カリッとするまで焼く。

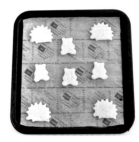

ぬき型_{がた}
クッキー生地_{きじ}や野菜_{やさい}などをいろいろな形にぬくための型_{かた}。

（つぎのページへつづく）

3 耐熱容器にチョコレート、さとう、バター、牛乳を入れ、電子レンジ600Wで1分加熱する。

4 3をスプーンでよくまぜてとかす。

5 さいばしで2を4にしっかりひたし、ふたたび天板にのせて160℃のオーブンで10分焼く。ケーキクーラーの上で冷ます。

6 チョコペンをカップのお湯につけてチョコレートをとかし、先をキッチンバサミで切る。5に目や口などをかく。

RICE FLOUR DUMPLINGS IN SYRUP

白玉シロップ

フルーツや野菜で色づけしよう♪

道具

耐熱容器／スプーン／ボウル／バット／
なべ／あみじゃくし／おたま

材料〔45こ分〕

さとう	100g
水	30mℓ

白玉粉	30g
水	28mℓ

白玉粉	30g
トマトジュース	20mℓ

白玉粉	30g
ぶどうジュース	28mℓ

白玉粉	30g
オレンジジュース	28mℓ

白玉粉	30g
野菜ジュース	28mℓ

じゅんび

・耐熱容器にさとう、水を入れ、電子レンジ600Wで1分30秒加熱し、シロップをつくる。

つくり方

1 ボウルに白玉粉を30gずつ入れ、それぞれ水やジュースを加え、よくこねる。

2 耳たぶぐらいのやわらかさになるまで手でこねる。それぞれ9こに分け（1こ6g）に丸める。
＊固い場合は少し水やジュースを加えて調節する。

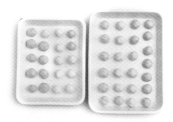

白玉粉
もち米を加工したもの。

3 なべにたっぷり水を入れて強火にかけ、ふっとうしたら2を入れてゆでる。白玉が浮き上がったら、さらに1〜2分ゆでる。

4 あみじゃくしですくって氷水にとり、よく冷やして水気をきる。

5 4を器にもり、シロップをかける。

道具

キッチンバサミ／バット／
クッキングシート／耐熱容器／竹ぐし

材料〔6こ分〕

転写シート	適量
チョコレート（ミルク）	50g
ミニチョコパイ	6こ

ボンボンショコラパイ

ミニチョコパイがおしゃれなバレンタインチョコにへんしん！

調理
時間
10分

じゅんび

・転写シートをハサミで3cm×3cmサイズに6枚分切る。

・バットにクッキングシートをしく。

つくり方

1 チョコレートを細かくわって耐熱容器に入れ、電子レンジ600Wで1分ほど加熱してとかす。

2 ミニチョコパイを2本の竹ぐしではさんで**1**に入れ、全体をコーティングして、クッキングシートの上にのせる。

3 転写シートを**2**にのせて、空気が入らないよう指でかるくおさえ、冷蔵庫で30分ほど冷やし固める。

4 **3**のとうめいシートをそっとはずす。

転写シート
植物性油脂・さとうにもようをつけたデコレーション用シート。チョコレートにもようがつけられます。とけた状態のチョコレートにはり、固まった後にはがすだけ!

道具
<ruby>包丁<rt>ほうちょう</rt></ruby>／まな<ruby>板<rt></rt></ruby>／ボウル／
ポップケーキ用スティック／
スプーン／バット／キッチンバサミ／
クッキングシート／カップ

OREO COOKIE
LOLLIPOP

材料〔3こ分〕

ホワイトチョコレート	40g
オレオクッキー	3こ
チョコペン（白）	1本
マーブルチョコ（黄）	3こ
マーブルチョコ（水色）	6こ
マーブルチョコ（ピンク）	6こ
マーブルチョコ（黄緑）	6こ

オレオ ポップ

見た目がかわいいプレゼントスイーツ♡

調理
時間

15分

つくり方

1 ホワイトチョコレートを包丁で細かくきざみ、ボウルに入れる。60℃のお湯にボウルの底をつけ、ホワイトチョコレートをとかす。

2 オレオクッキーの片側をはがし、クリームのある方にポップケーキ用スティックをのせる。

3 2のクリームのない方に1をぬり、ポップケーキ用スティックをはさむ。冷蔵庫で10分ほど冷やし固める。

4 3の1つに1をスプーンで全体にかけてコーティングし、クッキングシートの上にのせる。冷蔵庫で30分ほど冷やし固める。

5 チョコペンをカップに入れたお湯につけ、チョコレートをとかし、キッチンバサミでチョコペンの先を切る。

6 チョコペンを3と4に接着剤がわりにしぼり、マーブルチョコをお花のようにはりつける。

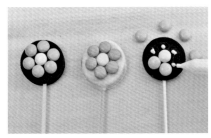

MANGO & BERRY
SMOOTHIE

道具

まな板／包丁（ほうちょう）／グラス／ミキサー

材料（ざいりょう）〔1ぱい分〕

キウイ	1/3こ
冷凍（れいとう）マンゴー	60g
牛乳（ぎゅうにゅう）	100mℓ
さとう	小さじ1〜2
冷凍（れいとう）ミックスベリー	60g
牛乳（ぎゅうにゅう）	100mℓ
さとう	小さじ1〜2

マンゴー＆ベリースムージー

毎日飲みたい！ ビタミンたっぷり♪

調理
時間

10分

じゅんび

・キウイの皮をむき、なるべくうすく輪切り<ruby>輪切<rt>わぎ</rt></ruby>りにして、グラスの内側<ruby>内側<rt>うちがわ</rt></ruby>にはりつける。

つくり方

1 冷凍<ruby>冷凍<rt>れいとう</rt></ruby>マンゴー、牛乳<ruby>牛乳<rt>ぎゅうにゅう</rt></ruby>、さとうを入れ、ミキサーでなめらかにする。

ミキサー

<ruby>材料<rt>ざいりょう</rt></ruby>をみじん切りやペースト<ruby>状<rt>じょう</rt></ruby>にします。<ruby>必<rt>かなら</rt></ruby>ず大人といっしょに、<ruby>使用説明書<rt>せつめいしょ</rt></ruby>を読んでから使おう。

2 冷凍<ruby>冷凍<rt>れいとう</rt></ruby>ミックスベリー、牛乳<ruby>牛乳<rt>ぎゅうにゅう</rt></ruby>、さとうを入れ、ミキサーでなめらかにする。

3 グラスに1、2を<ruby>順<rt>じゅん</rt></ruby>にそっと注ぎ、ミックスベリー（<ruby>分量外<rt>ぶんりょうがい</rt></ruby>）をかざる。

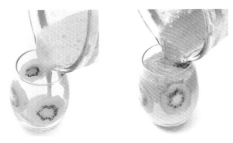

◆ にじや太陽のピックをさしたら、にぎやかになるね♪

MIYAZAWA URARA

かんたん！カラフル！
わくわくお菓子レッスン

2021年 8月　初版第1刷発行

著　者	宮沢うらら
発行者	小安宏幸
発行所	株式会社　汐文社
	〒102-0071　東京都千代田区富士見1-6-1
	TEL　03-6862-5200　　FAX　03-6862-5202
	URL　https://www.choubunsha.com
印　刷	新星社西川印刷株式会社
製　本	東京美術紙工協業組合

著者
宮沢うらら
菓子・料理研究家
ル・コルドン・ブルーにて菓子ディプロマ取得。
料理学校で玄米菜食を学ぶ。
簡単で、かわいくて、からだにやさしいレシピが好評。
こどもたちに料理を通して、喜びを感じたり
自立心を養ってほしいと、こどもが主となって
つくることができるレシピを提案している。
レシピ製作やフードスタイリストとして活躍。
著書に
「つくって楽しい！かんたんスイーツ」
「からだにやさしい ヘルシースイーツ」
「つくって楽しい！世界のスイーツ」
「はじめてのだしクッキング」
「材料3つですいすいスイーツ」
「かんたん！おいしい！フォトジェニック・スイーツ」
（小社刊）
などがある。

写真
緒方栄二
*
編集
永安顕子
和氣雅子
*
ブックデザイン
山田 武

●本書は『かんたん！おいしい！フォトジェニック・スイーツ』（2019～2020年小社刊）の構成を見直し、再編集した軽装版です。

Thank you